Un livre de Dorling Kindersley

Texte de Christopher Maynard
Sous la direction de Jane Donnelly
Texte français de Jocelyne Henri
Direction artistique Karen Lieberman
Directrice artistique adjointe Jane Horne
Directrice adjointe à la rédaction Mary Ling
Production Ruth Cobb
Consultante Theresa Greenaway

Recherche photographique Tom Worsley
Photographies supplémentaires Dave King, Cyril Laubscher,
Tim Ridley, Paul Bricknell, Susannah Price, Steve Gorton,
Philip Dowell

Édition originale publiée en Angleterre en 1997,
par Dorling Kindersley Limited, 9 Henrietta Street, London WC2E 8PS.
Exclusivité en Amérique du Nord : Les éditions Scholastic,
175, Hillmount Road, Markham (Ontario) L6C 1Z7,
avec la permission de Dorling Kindersley Limited.

ISBN : 0439-00423-3
Titre original : WHY do seasons change?
Reproduction couleur Chromagraphics, Singapour
4321 Imprimé en Italie par L.E.G.O. 89/901234/0
L'éditeur tient à remercier aussi les personnes suivantes pour lui avoir
permis d'utiliser leurs photos :
h haut, b bas, g gauche, d droit, c centre,
DC dos de la couverture, C couverture

Bruce Coleman Collection : 10-11c; Robert Harding Picture Library : 6cd,
6bd, 7bg, 20-21c; Image Bank : Frank Whitney 13bd; Tony Stone Images
: Geoff Dore 12-13c, Mark Lewis 7bd, JF Preedy 9bd, James Randklev
17 bd, Paul Rees 8bg, Jerome Tisne 14-15c, DC cb, Mark Wagner 18-19c,
John Warden 9-9c; Telegraph Colour Library : C cb, 14 bg, 16-17c,
pages de garde

Questions

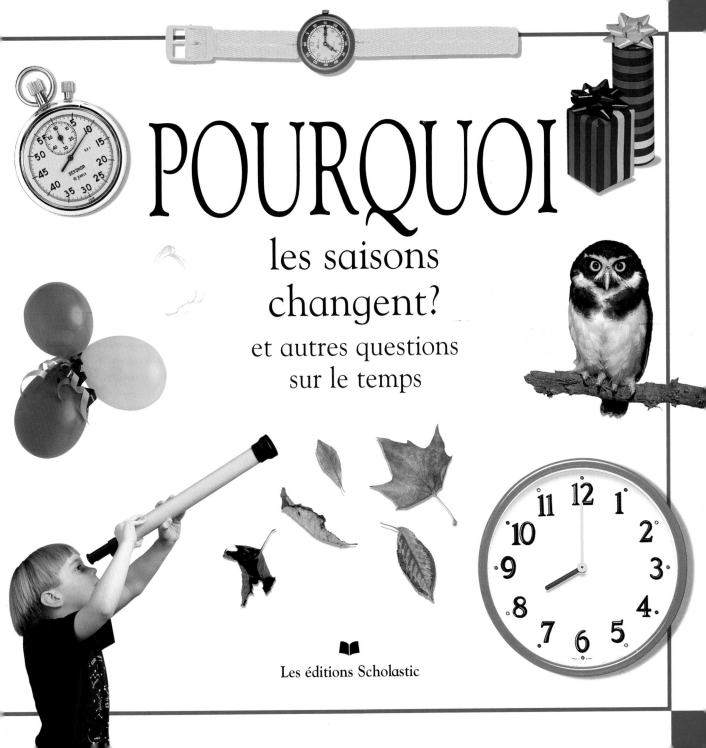

POURQUOI

les saisons changent?

et autres questions sur le temps

Les éditions Scholastic

Les saisons changent à cause de l'inclinaison de la Terre. Quand le Nord est incliné vers le Soleil, c'est l'été, tandis qu'au Sud, c'est l'hiver.

Pourquoi il fait froid en hiver?

La Terre tourne autour du Soleil, et il fait froid aux endroits où les rayons solaires ne frappent pas directement.

changent?

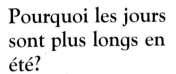

Pourquoi les jours sont plus longs en été?

En été, le Soleil est très haut dans le ciel. Il met donc plus de temps à se coucher. En hiver, le Soleil est plus bas et les jours plus courts.

En hiver, les journées sont plus courtes et il fait plus froid. Plusieurs espèces d'oiseaux migrent vers des pays plus chauds où la nourriture est abondante.

Pourquoi les arbres n'ont pas de feuilles en hiver?

La neige et le vent les abîmeraient. Les arbres cessent d'approvisionner

migrent?

Pourquoi certains animaux dorment durant l'hiver?

On appelle hibernation l'état de sommeil hivernal. Avant d'hiberner, les animaux font des réserves de graisse pour survivre durant les longs mois d'hiver, quand la nourriture se fait rare.

les feuilles en eau et en matières chimiques essentielles. C'est pourquoi les feuilles tombent.

Pourquoi il fait noir

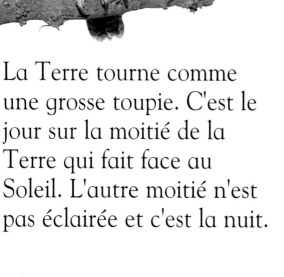

La Terre tourne comme une grosse toupie. C'est le jour sur la moitié de la Terre qui fait face au Soleil. L'autre moitié n'est pas éclairée et c'est la nuit.

Pourquoi il fait plus chaud à midi?

Le Soleil réchauffe la Terre depuis plusieurs heures déjà et, à cette heure, ses rayons sont les plus chauds.

la nuit?

Dès qu'il commence à baisser,
l'effet de ses rayons diminue et
l'air refroidit.

Pourquoi il y a de l'ombre?

La lumière solaire voyage
en ligne droite. Quand
tu es en plein soleil,
ton corps projette
une ombre sur le
sol parce qu'il
empêche la
lumière de passer.

Pourquoi la lune change de

La Lune brille parce qu'elle reflète la lumière du Soleil. Durant sa rotation autour de la Terre, une partie de la Lune est éclairée par le Soleil tandis que la Terre projette son ombre sur l'autre partie. À la Pleine Lune, la lumière se reflète sur toute la surface de la Lune.

Pourquoi la Lune est aussi lumineuse?

La Lune n'émet pas de lumière. Parfois, elle renvoie la lumière du Soleil avec

orme?

Pourquoi il arrive de voir la Lune en plein jour?

La Lune est là jour et nuit. En plein jour, le ciel est trop clair pour qu'on puisse la voir. À mesure que le Soleil baisse, la Lune réapparaît.

tellement d'éclat qu'il est possible de lire un livre dehors, au milieu de la nuit!

Les anniversaires soulignent le jour de ta naissance. Cette date ne revient qu'une fois l'an. Si tu viens de fêter ton anniversaire, tu devras attendre un an pour le prochain!

Pourquoi c'est si long une année?
Une année mesure le temps qu'il faut à la Terre pour faire le tour du Soleil.

un anniversaire par année?

Pourquoi les humains vieillissent?

Le temps ne s'arrête jamais. À chaque minute qui passe, nous vieillissons tous un peu. Tu peux constater à quel point les gens changent en regardant des photographies de parents prises à des âges différents.

C'est un peu plus de 365 jours. C'est toujours ainsi parce que la Terre voyage toujours à la même vitesse.

Au printemps, il fait plus chaud et les plantes commencent à pousser. Les bébés animaux qui naissent au printemps ont plus de chances de survivre que s'ils naissaient durant l'hiver.

Pourquoi certains fruits ne mûrissent qu'à l'automne?

Certaines plantes ont besoin de soleil tout l'été pour produire des fruits. Les fruits n'atteignent

naissent au printemps?

Pourquoi certaines fleurs ferment leurs pétales durant la nuit?

Elles ferment leurs pétales pour se protéger de la fraîcheur de la nuit et de l'assaut des créatures. Elles attendent les chauds rayons solaires pour s'ouvrir à nouveau.

pas leur maturité avant l'automne. Les fruits tropicaux mûrissent toute l'année, car il n'y a pas d'automne dans les tropiques.

La Terre ne cesse de tourner, et le Soleil éclaire chaque partie du globe à des heures différentes. Nous ajustons nos horloges en fonction de ces heures. Si tu voyages par avion, il se peut que tu atterrisses dans un pays où l'heure n'est pas la même que chez toi.

Pourquoi les avions se déplacent si lentement dans le ciel?

Si l'avion vole bas au-dessus de ta maison, il passe à la vitesse de l'éclair. Si tu peux le suivre des yeux

·hange lorsqu'on voyage?

durant plusieurs minutes avant qu'il disparaisse, c'est qu'il vole très haut dans le ciel.

Pourquoi le décalage horaire te rend somnolent?

La Terre est divisée en zones appelées fuseaux horaires. Le décalage horaire se produit lorsque tu arrives dans un fuseau horaire plusieurs heures avant ou après ton heure à toi. Même si c'est le matin, c'est le milieu de la nuit chez toi.

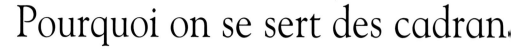

Les cadrans solaires mesurent l'ombre projetée par le Soleil durant le jour. L'ombre change à chaque heure.

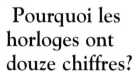

Pourquoi les horloges ont douze chiffres?

Il y a 24 heures dans une journée. On compte la première moitié du jour jusqu'à midi (12 h), puis on recommence à 13 heures jusqu'à minuit (24 h).

solaires?

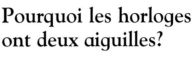

Pourquoi les horloges ont deux aiguilles?

La grande aiguille marque les minutes. La petite aiguille se déplace 12 fois plus lentement que la grande et marque les heures. Certaines horloges ont une troisième aiguille pour les secondes.